Tejón de la miel

Julie Murray

Abdo Kids Junior es una
subdivisión de Abdo Kids
abdobooks.com

ANIMALES INTERESANTES

abdobooks.com

Published by Abdo Kids, a division of ABDO, P.O. Box 398166, Minneapolis, Minnesota 55439. Copyright © 2024 by Abdo Consulting Group, Inc. International copyrights reserved in all countries. No part of this book may be reproduced in any form without written permission from the publisher. Abdo Kids Junior™ is a trademark and logo of Abdo Kids.

Printed in the United States of America, North Mankato, Minnesota.

052023

092023

Spanish Translator: Maria Puchol

Photo Credits: Alamy, Getty Images, Minden Pictures, Shutterstock

Production Contributors: Teddy Borth, Jennie Forsberg, Grace Hansen

Design Contributors: Candice Keimig, Pakou Moua

Library of Congress Control Number: 2022950857

Publisher's Cataloging-in-Publication Data

Names: Murray, Julie, author.

Title: Tejón de la miel/ by Julie Murray

Other title: Honey badgers. Spanish

Description: Minneapolis, Minnesota: Abdo Kids, 2024. | Series: Animales interesantes | Includes online resources and index

Identifiers: ISBN 9781098267476 (lib.bdg.) | ISBN 9781098268039 (ebook)

Subjects: LCSH: Honey badger--Juvenile literature. | Badgers--Juvenile literature. | Animals--Juvenile literature. | Zoology--Juvenile literature. | Spanish Language Materials--Juvenile literature.

Classification: DDC 599.767--dc23

Contenido

El tejón de la miel 4

Características 22

Glosario 23

Índice 24

Código Abdo Kids . . . 24

El tejón de la miel

Estos tejones viven en África y en Asia.

Se encuentran en desiertos y en pastizales.

Su cuerpo es robusto y sus patas son cortas.

9

El hocico de este tejón es alargado. ¡Sus dientes son afilados!

Los tejones de la miel tienen el pelaje blanco y negro.

Su piel es gruesa y **elástica**.

¡Son animales fuertes y **violentos**! Se enfrentan a animales mucho más grandes que ellos.

17

Tienen las garras puntiagudas, con ellas excavan sus **madrigueras**.

Se alimentan de insectos y serpientes. ¡Su alimento favorito es la miel!

21

Características

garras puntiagudas

hocico alargado

patas cortas

pelaje blanco y negro

Glosario

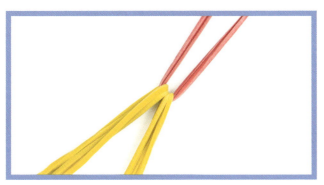

elástico
parecido a la goma en tacto y elasticidad.

madriguera
agujero o túnel excavado por ciertos animales con el fin de hacerlo su hogar o lugar de escondite.

violento
salvaje y peligroso, extremadamente potente.

Índice

África 4

alimento 20

Asia 4

color 12

cuerpo 8

dientes 10

garras 18

hábitat 6

hocico 10

madriguera 18

patas 8

pelaje 12

piel 14

protección 14, 16

¡Visita nuestra página **abdokids.com** y usa este código para tener acceso a juegos, manualidades, videos y mucho más!

Los recursos de internet están en inglés.

Usa este código Abdo Kids

IHK4154

¡o escanea este código QR!